coleção primeiros passos 276

Manoel Tubino

O QUE É ESPORTE

editora brasiliense

copyright © by Manoel José Gomes Tubino, 2006.
Nenhuma parte desta publicação pode ser gravada,
armazenada em sistemas eletrônicos, fotocopiada,
reproduzida por meios mecânicos ou outros quaisquer
sem autorização prévia do editor.

3ª edição, 2006
1ª reimpressão, 2011

Coordenação editorial e de produção: *George Schlesinger*
Produção editorial e gráfica: *Thiago B. de Lima*
Editoração: *Patrícia Rocha*
Revisão: *Gilberto D'Angelo Braz*
Capa: *Emílio Damiani*
Diagramação: *Iago Sartini*
Atualização da Nova Ortografia: *Natália Chagas Máximo*

Dados Internacionais de Catalogação na Publicação (CIP)
(Câmara Brasileira do Livro, SP, Brasil)

Tubino, Manoel José Gomes, 1939-
O que é esporte / Manoel José Gomes Tubino. –
São Paulo: Brasiliense, 2006. -- (Coleção Primeiros Passos; 276)

ISBN 978-85-11-01276-7

I. Esporte I. Título. II. Série.

06-1464 CDD - 796

Índices para catálogo sistemático:
1. Esportes 796

editora e livraria brasiliense
Rua Mourato Coelho, 111 – Pinheiros
CEP 05417-010 – São Paulo – SP
www.editorabrasiliense.com.br

ÍNDICE

I. A ciência do esporte 7
II. A origem do esporte 11
III. O esporte moderno: uma perspectiva pedagógica 15
IV. Um novo conceito de esporte 21
V. As diversas modalidades esportivas 29
VI. O papel do Estado diante do esporte 37
VII. Homo sportivus 39
VIII. Jogos Olímpicos: a grande festa do esporte 42
IX. Esporte: um direito de todos 44
X. A ética esportiva 46
XI. Os problemas do esporte 48
Indicações para leitura 50
Sobre o autor 53

A CIÊNCIA DO ESPORTE

O esporte é considerado um dos fenômenos socioculturais mais importantes neste final do século XX. Essa afirmação se constata facilmente quando se percebe o número crescente de praticantes e a quantidade cada vez maior de espaço ocupado pelo esporte na mídia internacional. Além disso, entre os não praticantes, o interesse pelos fatos esportivos vem crescendo nas últimas décadas. O esporte movimenta milhões de dólares no mundo todo, e existe até uma ciência do esporte, com tecnologia específica, ganhando espaço no terreno da discussão científica. O esporte mantém ainda nítidas ligações com diversas áreas importantes para a humanidade, como saúde, educação, turismo etc., o que empresta a ele uma característica interdisciplinar.

Mas por que será que o fenômeno esporte cresceu tanto em relevância social e no interesse da comunidade internacional?

O que significa esse fenômeno, hoje tão abrangente e de indiscutível alcance em todas as áreas de atuação do homem?

É para responder a estas perguntas que, a partir do significado do termo *esporte*, pretende-se convidar o leitor a viajar pelo fascinante mundo esportivo.

O termo *esporte* vem do século XIV, quando os marinheiros usavam as expressões "fazer esporte", "desportar-se" ou "sair do porto" para explicar seus passatempos que envolviam habilidades físicas. Atualmente existem vários termos que compreendem o esporte e também várias interpretações do significado da palavra *esporte*. Por exemplo, na Alemanha, antes da II Guerra Mundial, a expressão usada era *Leibeserzie-hung* ou *Körpererziehung*, que significava educação física. Depois da guerra, passou-se a usar *Sportunterricht* ou simplesmente *Sport*. Essa mudança fez parte da campanha do governo alemão do pós-guerra para o abandono do termo antigo, já que ele simbolizava um mau uso anterior do conteúdo esportivo. Ao mesmo tempo, a nova denominação passou a representar a busca de uma ciência do esporte. Na França, ainda permaneceram as expressões diferenciadas *education physique* e *sport*. Na Inglaterra, berço do esporte moderno, e nos Estados Unidos, a situação é praticamente a mesma, predominando os termos *physical education*, *sport* e *recreation*, com significados distintos. Na Itália, por sua vez, *sport* sempre prevaleceu, enquanto na Espanha emprega-se *deporte*, sendo que nestes dois países a distinção entre esporte e educação física é muito nítida no conteúdo, pois enquanto o esporte é praticado em clubes e centros comunitários, a educação física não ultrapassa as fronteiras das escolas, incorporada que está no processo educativo. Na antiga União

Soviética, o esporte era parte da *fizkultura* (cultura física), que é bem mais abrangente.

O esporte, praticado generalizadamente, para muitos estudiosos do fenômeno esportivo, entre os quais se inclui o autor deste livro, é uma das manifestações da cultura física, que também compreende a dança e a recreação (atividades de fim de semana no campo, por exemplo), e se fundamenta na educação física.

No Brasil, persiste a divergência sobre a utilização dos termos *desporto* ou *esporte*. Como os portugueses usavam *desporto*, o Brasil, em 1941, optou também por *desporto*. Essa opção teve a influência de João Lyra Filho, que redigiu o Decreto Lei nº 3199, de 1941, a primeira lei do esporte no país, que institucionalizou o esporte nacional. Lyra Filho escolheu o termo *desporto* após consultar Antenor Nascentes, e desde então essa palavra vem-se mantendo nos textos legais, inclusive na Constituição de 1988 (artigo 217), em que o esporte apareceu pela primeira vez como matéria constitucional. Entretanto, pela sua universalidade, e pela tendência internacional de relacionar a teoria esportiva a uma ciência do esporte, continuo a preferir o termo *esporte*.

Como é o caso de todos os campos do conhecimento humano, também o esporte, pela ação de seus estudiosos e adeptos, busca tornar-se uma ciência. Atualmente, vem-se mostrando cada vez mais bem aceita nas comunidades internacionais científica e esportiva uma ciência do esporte, que compreende a medicina, a psicologia, a sociologia e a biomecânica esportivas, a história, a filosofia e a pedagogia do esporte e quaisquer outros campos do conhecimento humano que apresentam conexões científicas com os fatos esportivos. Existe uma outra corrente científica, porém, que em vez da opção por uma ciência do esporte prefere entender o esporte como parte do conteúdo de outras ciências. Essa corrente está bem representada nas obras *Ciência do Movimento Humano*, do francês Jean Le Boulch, e *Ciência da Motricidade Humana*, do português Manuel Sérgio. Todavia, é importante repetir que a tendência atual é a da aceitação de uma ciência do esporte, que em muitos países já abrange todas as teorizações sobre as atividades físicas.

A ORIGEM DO ESPORTE

O alemão Karl Diem, considerado por muitos a grande personalidade no estudo esporte no século XX, escreveu que a história do esporte é íntima da cultura humana, pois por meio dela se compreendem épocas e povos, já que cada período histórico tem o seu esporte e a essência de cada povo nele se reflete.

Na esteira desta notável percepção, posso afirmar que, para entender a origem do esporte, é fundamental vinculá-lo ao jogo. A história do esporte será invariavelmente a história dos jogos. As próprias definições de esporte passam pelo jogo, o que demonstra de forma inequívoca que é o jogo que faz o vínculo entre a cultura e o esporte. Alguns autores chegam a definir o esporte como a antítese do jogo, enquanto outros defendem que o esporte é o jogo institucionalizado, o jogo regulado por códigos e regras comandado por entidades dirigentes, como as federações.

Existem duas interpretações distintas quanto à origem do esporte: a primeira vincula o surgimento do esporte a fins educacionais desde os tempos primitivos, e a segunda, entende o esporte como um fenômeno biológico, e não histórico. Embora discordem nos fundamentos, porém, as duas teorias apresentam um ponto em comum, que acabou se tornando o aspecto essencial do fenômeno esporte: a competição. Assim, para que haja esporte, é preciso haver competição.

Cronologicamente, distingue-se primeiro o esporte na Antiguidade, observado desde a Pré-História e cujo destaque foram os Jogos Gregos, a maior manifestação esportiva daquela época. Depois, veio o esporte moderno, que surgiu na Inglaterra no século XIX.

Antes de avançar nas considerações sobre o extraordinário fenômeno que é o esporte, porém, não é demais lembrar ao leitor que, embora possam haver diferentes interpretações do esporte, ele é um fenômeno profundamente humano, de visível relevância social na história da humanidade e intimamente ligado ao processo cultural de cada época.

O esporte na antiguidade

Na Antiguidade, antes de surgir o esporte, existiam atividades físicas de caráter utilitário-guerreiro, higiênicas, rituais e educativas.

Na Pré-História, os homens primitivos praticavam exercícios físicos somente para a sobrevivência, como saltar, lançar, atacar e defender. Esse caráter utilitário-guerreiro da atividade física desapareceu quando o homem deixou de ser nômade e, ao fixar-se à terra, nas margens dos rios, para plantar seus próprios alimentos, começou a sofrer ataques daqueles que continuavam nômades. Assim ocorreu com os agrupamentos que mais tarde originaram as nações dos egípcios, hindus, chineses e outras. Os japoneses, chineses e hindus praticavam atividades físicas emprestando-lhes um caráter higiênico. Depois, foram os gregos de Atenas que deram uma finalidade educativa aos exercícios físicos, embora os de Esparta continuassem se exercitando com o objetivo de preparação para a guerra.

Foi nesse período das ginásticas gregas que se iniciaram os Jogos Gregos, evento que registrou pela primeira vez a ocorrência de uma organização para a competição. Os Jogos Gregos são um marco da história esportiva, pois representam a concepção inicial do esporte. Eram disputados em homenagem a chefes gregos e muitas vezes faziam parte de rituais religiosos ou até mesmo de cerimônias fúnebres. Na Grécia antiga disputavam-se os Jogos Nemeus, Píticos, Fúnebres, Olímpicos e muitos outros, todos extraordinárias festas pan-helênicas das quais participavam as cidades gregas.

A principal manifestação do esporte na Antiguidade foram, sem dúvida, os Jogos Olímpicos. Realizavam-se em Olímpia, na Élida, a cada quatro anos, em homenagem a Júpiter. Foram disputados 293 vezes em doze séculos (776 a.C. a 394 d.C.) e deveriam elevar Zeus Horquios, o rei dos deuses. Obedeciam a uma regulamentação rígida feita pelos *helenoices*, que eram os seus dirigentes. Os escravos podiam assistir aos jogos, mas as mulheres não tinham esse direito. Os vencedores recebiam uma coroa de ramos de oliveira e vários prêmios, como isenção de impostos, escravos, pensões vitalícias etc., foram suspensos pelo imperador romano Teodósio em 394 d.C. Além das disputas empolgantes dos Jogos Olímpicos, era notável o quadro de preparação dos atletas gregos para essas competições, que incluía aquecimento, usos de cargas para musculação, dietas, ciclos de treinamento, massagens e treinadores especializados, como o xistarca, para as corridas, o agonistarca para as lutas, e o pedótribo, para os jogos. Cabe notar que esse tipo de preparação dos atletas gregos, num período anterior ao cristianismo, já era muito semelhante aos treinamentos de alto nível da atualidade, e não se pode deixar de admirar a civilização grega também por isso. O legado histórico deixado para a humanidade pelos gregos é muito rico. Com certeza, qualquer relato sobre a história do esporte terá que começar pelos Jogos Gregos.

O ESPORTE MODERNO: UMA PERSPECTIVA PEDAGÓGICA

O esporte moderno surgiu no século XIX, na Inglaterra, concebido por Thomas Arnold, um idealista determinado a mudar o mundo e fortemente influenciado por Charles Darwin, cientista inglês que formulou a teoria da evolução das espécies. A relação com Darwin poderia explicar a tentativa de Arnold de emprestar ao esporte um caráter utilitário. Ele reconhecia na sua concepção de esporte três características principais: é um jogo, é uma competição e é uma formação. As duas primeiras já caracterizavam o esporte na Antiguidade, mas para a formação o criador do esporte moderno dava um sentido diferente da visão de Platão. Enquanto Platão pretendia o corpo e a alma unificados, Arnold acreditava que o corpo era um meio para a realidade, definindo o esporte como um auxiliar do corpo.

Thomas Arnold, quando dirigia o Colégio Rugby, na Inglaterra, no período entre 1828 e 1842, incorporou as atividades físicas praticadas pela burguesia e pela aristocracia inglesa ao processo educativo, deixando que os alunos dirigissem os jogos e criassem regras e códigos próprios, numa atmosfera de fair-play, termo que significa a atitude cavalheiresca na disputa esportiva, respeitando as regras, os códigos, os adversários e os árbitros.

Essas regras, que surgiram naturalmente da incorporação dos jogos às aulas do Colégio Rugby, logo ultrapassaram os muros do educandário e foram amplamente difundidas para o povo inglês. Mais tarde, com a necessidade de criar entidades, que coordenassem as disputas, surgiram federações e clubes, nascendo daí um componente efetivo da ética e do movimento esportivos: o associacionismo.

No final do século XIX, inspirado no inglês Arnold, o grande humanista francês Pierre de Coubertin, percebendo as dificuldades de preservação da paz mundial, achou que o esporte seria uma poderosa vacina contra os conflitos internacionais. Nesse sentido, acreditando no poder do esporte para estimular a convivência humana, Coubertin iniciou em 1892 o movimento de restauração dos Jogos Olímpicos, com base nas Olimpíadas da Antiguidade, que chegaram até mesmo a interromper as guerras durante o período de sua realização. Em 1896, em Atenas, aconteceram os I Jogos Olímpicos modernos, com a participação de apenas 285 atletas, mas já com todo o ritual olímpico.

Junto com o ideário do movimento olímpico, consolidaram-se também o fair-play e o associacionismo como pilares da ética do esporte.

Outra contribuição importante para o movimento esportivo moderno, que até o final do século XIX compreendia praticamente apenas o atletismo, o rugby, o remo, o futebol, e com muita timidez a natação, foi a ação da ACM (Associação Cristã de Moços), que introduziu nos Estados Unidos os principais esportes coletivos, como o basquete e o vôlei.

Da perspectiva pedagógica à de rendimento

O esporte moderno foi crescendo, sem grande aceleração, com novas modalidades, maior número de praticantes, autonomia das federações internacionais e já com uma intervenção permanente do Estado na maioria dos países. Esse quadro relativamente estável durou até a II Guerra Mundial. Sintetizando, pode-se afirmar que o conceito de esporte, depois de classificado como moderno, foi abandonando a perspectiva pedagógica e incorporando pouco a pouco um sentido de rendimento.

Nessa perspectiva do rendimento atlético, os maiores nomes internacionais desse período foram somente os grandes atletas, os chamados "deuses dos estádios", como os notáveis Paavo Nurmi (corredor de fundo da Finlândia), Johnny Weissmuller (o Tarzan e o Jim das Selvas do cinema, nadador americano) e Emil Zatopeck (corredor de fundo e meio-fundo da Tchecoslováquia, que chegou a ser conhecido como a "locomotiva humana").

Como instrumento político e ideológico

Depois de um longo período de estabilidade, foi Hitler que, na década de 1930, percebeu que o esporte poderia, pelo seu grande apelo popular, tornar-se um poderoso instrumento de propaganda política. Com essa intenção, aproveitando o fato de Berlim sediar os Jogos Olímpicos de 1936, organizou a competição no sentido de que fosse um ato internacional de constatação da supremacia da raça ariana sobre as demais. Felizmente para a humanidade, o negro americano Jessé Owens, ao conquistar quatro medalhas de ouro, frustrou o plano nazista. Além dessa utilização ideológica das competições esportivas, Hitler e Mussolini usaram as práticas esportivas para a formação das juventudes nazista e fascista, num primeiro ensaio do mau uso do esporte como mecanismo de controle das massas.

Além de terem denunciado as intenções de Hitler e Mussolini, os vencedores da II Guerra Mundial, com a guerra fria, transformaram o esporte em um dos palcos mais efetivos da disputa entre o capitalismo e o socialismo. Esses dois lados, indistintamente, criaram fortes estruturas com o objetivo de obter vitórias esportivas internacionais, que foram usadas na propaganda ideológica como comprovação de superioridade de cada regime político. O exemplo foi seguido até por países com menos possibilidades socioeconômicas, como os da América Latina, inclusive o Brasil, que passaram a fazer do esporte mais um dos controles do Estado.

Foi nesse clima que surgiu o chamado "chauvinismo da vitória", que pode ser traduzido como a intenção da vitória a qualquer custo, em detrimento do fair-play. Este chauvinismo explica em parte o aparecimento do suborno e do doping no esporte, atos deploráveis e muito praticados até hoje. O doping é considerado como o grande flagelo do esporte contemporâneo, pois altera o resultado da competição, invertendo-o, e ao mesmo tempo degrada o atleta, pelos efeitos morais e biológicos que provoca.

A disputa ideológica-política com o uso do esporte, iniciada a partir de 1950, pode ser comprovada por três fatos marcantes: o ingresso da União Soviética nos Jogos Olímpicos de Helsinque, em 1952, os crescentes investimentos efetuados na área do esporte de rendimento, principalmente pelos Estados Unidos, e as fortes estruturas esportivas montadas nos países socialistas, onde a qualidade e a excelência do esporte eram obtidas em função da quantidade de praticantes.

As manifestações de sentido político dos eventos esportivos exacerbaram-se principalmente nas Olimpíadas, em que se sucederam fatos de extremo radicalismo, desde a contestação do movimento Black Power nos Jogos Olímpicos do México, em 1968, com os negros americanos descalçando-se no pódio, até o massacre dos atletas israelenses pelo grupo terrorista Setembro Negro nas Olimpíadas de Munique, em 1972, passando por sucessivos boicotes com motivação ideológica.

O esporte oriental das artes marciais

No Oriente, principalmente na Ásia, as práticas esportivas eram fundamentalmente representadas pelas artes marciais, que variavam em cada nação e até feudos antigos. Inicialmente eram praticados por guerreiros que protegiam os feudos. Depois, com a extinção desses feudos, as artes marciais tornaram-se estilos de escolas dos antigos mestres. Mais tarde, com a integração destas artes marciais com crenças religiosas, como o Taoismo, Budismo e Xintoísmo, surgiram os caminhos de vida dos seus praticantes. No século XX, ocorreu a esportivização das artes marciais, tornando o Judô, Jiu-Jitsu, Karatê, Taekwondo, Kendô, e outras modalidades esportivas com regras de competição e prática definidas. Atualmente o Judô (Japão) e o Taekwondo (Coréia) são, inclusive, esportes olímpicos.

UM NOVO CONCEITO DE ESPORTE

Durante longo período, o mundo entendeu o esporte somente pelo aspecto do rendimento. As perspectivas eram as mais sombrias para o esporte em geral, embora algumas modalidades já profissionalizadas, como o futebol, apresentassem grande progresso técnico e crescente interesse por parte da população. As grandes dúvidas da época eram: será que as Olimpíadas continuarão a existir? Qual o valor social do esporte, atualmente tão deturpado?

Os exageros cometidos quando o esporte era entendido somente pela ótica do rendimento, ou da performance, provocaram reações expressivas, que podem ser reunidas em três grandes movimentos: o da intelectualidade internacional, inconformada com os rumos perversos que o esporte vinha tomando; o dos organismos internacionais ligados ao esporte, que passaram a publicar manifestos; e o Trimm, movimento nascido na Noruega, que depois recebeu o nome de Esporte para Todos.

Talvez inspirado nos diversos posicionamentos de intelectuais, Philiph Noël-Baker, que recebeu o Prêmio Nobel da Paz de 1959, assinou em 1964, logo após os Jogos Olímpicos de Tóquio, o *Manifesto do Esporte*. Esse documento reconheceu pela primeira vez a existência de outras manifestações esportivas além do esporte de rendimento. Em seu texto, admitia também a existência de um esporte escolar e de um esporte do homem comum, que tinham conteúdos diferentes.

É evidente que o debate sobre o esporte aumentou e ganhou novas luzes. O movimento Esporte para Todos, que recebeu diversos nomes – *Participation* no Canadá, *Éducation Physique pour Tous* na França, *Trimm* na Alemanha, *Deporte con Todos na Argentina* –, muito contribuiu para a democratização da prática esportiva, pois popularizou o esporte, permitindo que as pessoas sem grande talento chegassem também a praticá-lo.

Mas o esporte ampliou o seu conceito quando finalmente, em 1978, a Unesco publicou a *Carta Internacional de Educação Física e Esporte*, que, no seu primeiro artigo, estabelecia que a atividade física ou prática esportiva era um direito de todos, assim como a educação e a saúde. Esse documento atualmente serve como referência em todos os países do mundo, e já provocou modificações profundas no papel do Estado diante do esporte, possibilitando até a inclusão do tema nos textos constitucionais, como aconteceu no Brasil, na Constituição de 1988.

Pode-se afirmar que, depois da publicação desse documento pela Unesco, o mundo passou a aceitar um novo conceito de esporte. Nesse contexto renovado, desenvolvido a partir do pressuposto de direito de todas as pessoas, independentemente de sua condição, muitos tiveram acesso às práticas esportivas. Assim, o esporte, como um direito de todos, pode ser entendido atualmente pela abrangência das suas três manifestações: o *esporte-educação*, o *esporte-lazer* e o *esporte de desempenho*. Essas manifestações representam as dimensões sociais do esporte.

O *esporte-educação* não deve ser compreendido como uma extensão do *esporte de desempenho* para a escola. Ao contrário, esta manifestação deve ser mais um processo educativo na formação dos jovens, uma preparação para o exercício da cidadania. O *esporte-educação* tem um caráter formativo. Esta manifestação esportiva pode ser dividida em *esporte educacional* e *esporte escolar*.

É no *esporte educacional* que se percebe o aspecto do esporte de maior conteúdo sócio-educativo. Ele se baseia em princípios educacionais, como participação, cooperação, coeducação, corresponsabilidade e inclusão.

O *esporte escolar*, sem perder de vista a formação para a cidadania, se apoia nos princípios do desenvolvimento esportivo e do espírito esportivo. É aquele que permite uma aproximação com o *esporte de desempenho*, ao compreender as competições entre escolares.

O *esporte-lazer* ou *esporte-participação*, por sua vez, se apoia no princípio do prazer lúdico, no próprio lazer e na utilização construtiva do tempo livre e de liberdade. Esta manifestação esportiva não tem compromisso com regras institucionais ou de qualquer tipo e tem na participação o seu sentido maior, podendo promover por meio dela o bem-estar dos praticantes, que é a sua verdadeira finalidade.

O *esporte-lazer*, pelo envolvimento das pessoas nas atividades prazerosas que oferece, ainda proporciona o desenvolvimento de um espírito comunitário, de integração social, fortalecendo parcerias e relações pessoais. Ele propicia o surgimento de uma prática esportiva democrática, já que não privilegia os talentos, permitindo o acesso de todos. É a manifestação do esporte que mais se aproxima do jogo, sem esquecer as suas ligações com a saúde.

Finalmente, o *esporte de desempenho* ou *esporte de rendimento*, que muitos chamam de esporte de alto nível ou alta competição, foi a manifestação esportiva que norteou o conceito de esporte durante muito tempo, e hoje representa apenas uma parte da abrangência deste conceito. Foi a partir do esporte de rendimento que surgiram o esporte olímpico e o esporte como instrumento político-ideológico.

O esporte de rendimento é disputado obedecendo rigidamente as regras e os códigos existentes, específicos de cada modalidade esportiva. Por isso é considerado um tipo de esporte institucionalizado, do qual fazem parte federações internacionais e nacionais que organizam as competições no mundo todo.

O esporte do ponto de vista comercial

Depois de uma profunda crise, devido ao seu grande envolvimento com a política, o esporte de desempenho, justamente no momento em que se tornou apenas uma parte do conceito de esporte, revigorou-se extraordinariamente. O que teria provocado essa revitalização?

O crescimento notável dos meios de comunicação em massa, a percepção das competições esportivas como espetáculo, a existência de um número considerável de ídolos esportivos e a certeza de que o esporte também pode vender com sucesso produtos e serviços fizeram com que os investidores voltassem suas atenções para os eventos esportivos.

Hoje, atletas, equipes e competições são patrocinados por grandes empresas, espaços para propaganda nos locais de competição, uniformes e equipamentos são comercializados, e a mídia se ocupa cada vez mais da transmissão do noticiário e da divulgação das coisas do esporte. Essa integração com a mídia deu origem a um processo seletivo das modalidades, com base nas possibilidades de cada uma em termos de espetáculo.

A preferência pelo espetáculo esportivo é uma das características mais visíveis do esporte de desempenho. As modalidades esportivas de pouco impacto em matéria de espetáculo definham, enquanto aquelas que podem tornar-se grandes shows para o público em geral, principalmente via televisão, crescem a olhos vistos.

A televisão promove uma quantidade reduzida de esportes, embora o número de horas de transmissão de eventos esportivos seja crescente. A TV se interessa em transmitir principalmente esportes que tenham estreita relação com o perigo da morte (automobilismo, motociclismo, boxe, esqui), esportes coletivos (futebol, basquete, vôlei, futebol americano) e aqueles envolvidos em fortíssimos esquemas comerciais (o tênis é o melhor exemplo). As demais modalidades, como o atletismo, enfrentam dificuldades, e aos poucos, na busca de chegar à tela da televisão, vão se integrando a circuitos de competições, os chamados *meetings*, ao estilo do tênis e do automobilismo. Os macroeventos, como as Olimpíadas, continuam despertando grande interesse comercial. Por outro lado, nos demais eventos esportivos, das outras modalidades, que também dependem de patrocínio comercial, a mídia encarrega-se apenas da divulgação de informações antes, durante e depois dos eventos.

As próprias regras esportivas têm-se modificado, em função da necessidade de adaptação à televisão, que só se interessa por espetáculos.

O mundo dos negócios do esporte é imensurável. Surgiram empresas promotoras de eventos esportivos, a cada dia acontecem novas competições, muitas até levando os nomes de seus patrocinadores, e a indústria relacionada ao esporte cresce aceleradamente, sobretudo nos setores de equipamentos e vestuário. O resultado da revigoração do esporte devido ao seu aspecto comercial foi a multiplicação de eventos esportivos e o aumento do número de praticantes.

No *esporte-lazer* e no *esporte-educação*, esse aspecto comercial existe, mas de uma forma tímida, sem ser indispensável. O *esporte de desempenho*, contudo, tornou-se irremediavelmente dependente dos esquemas comerciais. Para alcançar o sucesso, essa manifestação esportiva precisa de ídolos, os chamados "deuses dos estádios", e de grandes espetáculos. O avanço da tecnologia tem conseguido estender o espetáculo para fora do contexto esportivo, evidenciando detalhes de grande interesse para o público, como as emoções, os fatos paralelos, os bastidores e tudo que possa causar sensação.

No tempo do ideário olímpico, o grande problema era o profissionalismo. Todos conhecem o caso do índio americano Jim Thorpe, que perdeu a sua medalha olímpica porque foi acusado de ter recebido uma recompensa em dinheiro. O brasileiro Adhemar Ferreira da Silva, bicampeão olímpico, não pôde receber uma casa como prêmio porque perderia o seu título. Mais tarde, a política tomou conta do esporte, até então essencialmente olímpico, o profissionalismo passou a existir de uma forma velada, e o esporte transformou-se no estandarte da disputa ideológica entre o capitalismo e socialismo. Hoje, superada essa fase política, com o surgimento do aspecto comercial do esporte, o maior problema passou a ser a predominância do mercantilismo sobre a antiga ética esportiva construída no tempo do esporte essencialmente olímpico.

A ética esportiva, construída pela comunhão entre o associacionismo e o fair-play, não tem mais conseguido nortear os fatos esportivos depois que o conceito de esporte se ampliou e os interesses comerciais passaram a dominar a situação. A expectativa da comunidade esportiva e da intelectualidade internacional é que a ética do esporte seja reconstruída por meio da concepção de um renovado espírito esportivo.

A indústria do esporte e a arquitetura esportiva

A prática de esportes exige muitas vezes a utilização de artigos esportivos (uniformes, sapatilhas, pranchas de surfe, bolas etc.), além de equipamentos e instalações específicas. Os fabricantes desses produtos constituem a chamada indústria do esporte.

Essa indústria se renova continuamente, acompanhando a evolução de cada esporte e os avanços tecnológicos. Uma observação interessante é que o mercado esportivo cresce sem parar, e esse fato tem levado a indústria do esporte a um desenvolvimento ininterrupto nos últimos vinte anos, em quantidade de produção e principalmente em diversificação de produtos.

As instalações esportivas, por sua vez, são a cada dia mais perfeitas quanto aos aspectos de segurança, praticidade e conforto. Da convergência desses aspectos surgiu a necessidade de criar formas objetivas e funcionais para essas instalações, o que propiciou o nascimento de uma arquitetura esportiva especializada na construção de ginásios, estádios e outras instalações destinadas ao esporte. Esse tipo de arquitetura acabou se transformando em mais um importante campo de atuação para os melhores arquitetos do mundo.

AS DIVERSAS MODALIDADES ESPORTIVAS

A ampliação do conceito de esporte e a velocidade dos acontecimentos no mundo têm possibilitado o aparecimento sistemático de novas modalidades esportivas. Com o objetivo de classificar essas modalidades, foram identificadas vertentes ou correntes do movimento esportivo, que serão comentadas a seguir.

Antes, porém, é importante lembrar que muitas vezes uma modalidade de esporte, pelas suas características, pode pertencer a mais de uma corrente ao mesmo tempo. A maratona é um bom exemplo, pois pertence à corrente dos esportes olímpicos e à dos esportes de desafio. Outra observação fundamental é que todas as modalidades esportivas dessas correntes podem ser praticadas como *esporte de desempenho, esporte-lazer* e *esporte-educação*.

1. *Esportes Tradicionais* – São aqueles esportes tradicionalmente disputados no mundo esportivo e que na maior parte compõem os Jogos Olímpicos, como o basquete, o vôlei, o atletismo, a natação e a ginástica olímpica. As Olimpíadas são o maior evento de que essas modalidades esportivas participam, embora elas tenham seus próprios campeonatos mundiais, organizados e desenvolvidos por suas respectivas federações internacionais.

Quando o *esporte de desempenho* assumiu um caráter comercial, ocorreu um reordenamento na sua importância. Este fato, deveu-se à atuação da televisão, que passou a centralizar todo o interesse da população mundial pelos eventos esportivos. A busca permanente do espetáculo esportivo e o abandono gradual das competições que não despertassem o interesse do público foram as principais causas da reacomodação dos esportes olímpicos. Assim, os esportes coletivos ganharam importância e os individuais perderam espaço na mídia.

Entretanto, mesmo perdendo espaço, os esportes individuais permanecem no cenário esportivo internacional, fato que pode ser explicado pela vocação cultural de cada nação. No caso específico do Brasil, além, é claro, do futebol, as grandes vocações esportivas são os esportes coletivos.

Os Jogos Olímpicos, restaurados em 1896 por Pierre de Coubertin, depois de um período romântico, em que competir era essencial e vencer era secundário, e de um outro período em que as intenções e propagandas político-ideológicas prevaleceram, ao assumirem um aspecto comercial, passaram a constituir-se em consequência de fatores fora do alcance esportivo.

A referência comercial tem provocado profundas modificações nas próprias perspectivas dos Jogos Olímpicos, e já se começa a sugerir um novo quadro de modalidades esportivas a serem disputadas nas Olimpíadas. Contudo, os tradicionais esportes olímpicos tendem a permanecer nas disputas, devido a seu grande apelo na mídia eletrônica.

Os esportes de tradição não olímpica, que não têm nos Jogos Olímpicos as suas maiores disputas, como o futebol, o tênis, o beisebol, o rugby, e o golfe, despertam muito interesse, como são os casos das Copas do Mundo de futebol, os Grand Slam no tênis e os Opens do Golfe.

São esportes fortemente explorados pela mídia eletrônica, o que explica a sua grande popularidade. O futebol é, hoje em dia, o esporte mais popular do mundo. As modalidades esportivas que, mesmo sem alcançar a independência do futebol, do tênis, do golfe e do beisebol, conseguiram sucesso sem participar das Olimpíadas, como o rugby, devem ser classificados nesta corrente.

2. *Esportes Aventura / na Natureza / Radicais* – O homem, de modo geral, está sempre num processo de busca da superação. Foi assim que surgiram as grandes navegações que fizeram os espanhóis e portugueses chegarem à América e foi deste modo ainda que o homem chegou à Lua.

O esporte também tornou-se um palco extraordinário de superação das pessoas. Desde a Grécia antiga, ou mesmo na Idade Média, quando as justas e os torneios exigiam rompimentos nos limites pessoais dos participantes, constata-se a presença de grandes desafios nas disputas esportivas.

Na modernidade, as maratonas constituem-se na primeira grande manifestação de esporte-aventura ou esporte de desafio. Inspirados nas provas de maratonas dos gregos, os atletas da atualidade passaram a considerar "atestado de herói" o fato de completar os 42.192 metros de uma maratona. Quando as maratonas deixaram de ser obstáculos poderosos para a performance humana, surgiram os triatlos, as provas combinadas no ar, água e terra, além das competições espetaculares de base jump, town in, parapente e outras, amplamente difundidas no mundo todo.

A luta contra a possibilidade da morte tem sido o grande desafio dessas disputas esportivas. A cada dia surgem provas de maior dificuldade, que muitas vezes não apresentam natureza esportiva, mas exigem técnicas e qualidades físicas num alto grau de aperfeiçoamento. As grandes travessias marítimas individuais são outro exemplo dessas provas de desafio humano. O interesse da mídia por essas disputas é considerável, e de certa forma incentiva o aparecimento de novos praticantes e de novas modalidades.

A relação de praticamente todos os campos de atuação humana com as questões ambientais levou ao surgimento de vários esportes de relação imediata com a natureza. O voo livre, o surfe, o windsurfe, o skate, e muitas outras modalidades são constatações do aparecimento de esportes ligados à natureza. Os chamados esportes de inverno, como o esqui, o bobsleigh e outros, foram as primeiras manifestações desta corrente esportiva. Em qualquer veículo de divulgação esportiva do mundo contemporâneo encontram-se sempre vários destaques sobre os esportes de relação com a natureza.

Outra característica comum dessas modalidades esportivas é que a sua prática está sempre vinculada a um equipamento. A dependência industrial é a sustentação econômica desses esportes, que através de poderosos esquemas de marketing deixaram de ser sazonais e conseguiram tornar-se práticas esportivas do ano inteiro. Entretanto, são esportes praticados pelas classes média e alta, pelo alto custo de aquisição desses equipamentos.

As marchas (caminhadas) e o montanhismo foram reabilitados por essa corrente esportiva, e sem dúvida são as modalidades mais acessíveis, em termos econômicos, para praticantes das classes sociais mais baixas.

Também nos esportes ligados à natureza existem mais praticantes de *esporte-lazer* do que de esporte de rendimento.

3. *Esportes das Artes Marciais* – Desenvolvidas em épocas anteriores em templos e feudos, as artes marciais orientais atravessaram vários séculos e chegaram ao mundo contemporâneo, transformando-se em modalidades esportivas. O judô foi a primeira arte marcial oriental a ocidentalizar-se. Seguiram-se o karatê, o taekwondo, o sumô e muitas outras. Atualmente as artes marciais estão organizadas em suas respectivas federações internacionais e são praticadas em todas as partes do planeta.

Algumas dessas modalidades esportivas dividiram-se em várias outras, devido aos inúmeros interesses existentes. O melhor exemplo é o karatê, hoje dividido em karatê tradicional, karatê TKF e kyokushin-oyama, modalidades já organizadas internacionalmente, com campeonatos mundiais periódicos, que são disputados distintamente.

O número de praticantes de esportes derivados das artes marciais é notável e crescente, e pode-se afirmar, sem receio de erro, que hoje existem mais atletas nas modalidades de artes marciais do que nos chamados esportes de tradição olímpica. É também interessante observar que a maioria desses praticantes não tem ambições competitivas, o que caracteriza essas práticas como esporte-participação ou esporte-popular. Os estudiosos do fenômeno esportivo explicam essa afluência às lutas marciais pelo aspecto espiritual intrínseco nessas atividades, pela oportunidade de defesa pessoal e pela progressão através de graus e faixas, o que motiva o praticante a disputar consigo mesmo.

4. *Esportes de Identidade Cultural* – São aqueles que se originam na própria cultura nacional e regional. Todos sabem que o sumô é um esporte nacional do Japão e o críquete é uma prática esportiva da Inglaterra.

O Brasil possui muitos esportes de identidade cultural, sendo os mais conhecidos o tamboréu, o futevôlei, a peteca, a capoeira, o futebol sete e a agarrada marajoara. A capoeira é um caso especial. Embora na sua concepção inicial não fosse de esporte, ela foi esportivizada por alguns adeptos, permanecendo como luta cultural para outros.

Existem também algumas modalidades esportivas incorporadas à cultura nacional de cada país, que não devem ser classificadas como esportes de identidade cultural. No caso brasileiro, o remo e o futebol são dois bons exemplos. O remo foi o principal esporte brasileiro quanto à prática no final do século XIX e no início do XX, enquanto o futebol ainda é considerado a grande vocação esportiva nacional. Alguns desses esportes de identidade cultural conseguem ultrapassar as fronteiras de seus respectivos países e transformam-se em disputas internacionais.

5. *Esportes Intelectivos* – Há alguns anos só eram consideradas esportes as modalidades que envolviam jogo, competição, movimento e institucionalização. Essa percepção cartesiana do esporte impediu por muito tempo que vários "jogos de salão" fossem considerados modalidades esportivas, por não apresentarem movimentos compatíveis com a exigência anterior do conceito de esporte.

Todavia, com a *Carta Internacional de Educação Física e Esporte*, de 1978, quando a prática esportiva tornou-se direito de todos (também da terceira idade e de portadores de deficiências), fazendo com que o conceito de esporte adquirisse um alcance social bem mais relevante, os critérios para aceitação de uma modalidade qualquer como esporte foram revistos, e atualmente o xadrez, o bilhar, o aeromodelismo e outras práticas de salão passaram a ser entendidos como esportes. Esses esportes são chamados por muitos de *intelectivos*, por descenderem de *jogos intelectivos*. Atualmente, nas grandes festas esportivas nacionais, como os Jogos Abertos, muitas dessas modalidades esportivas de salão são incluídas nos programas de disputas.

6. *Esportes com Motores* – Os Esportes com Motores ou Motorizados são aquelas modalidades esportivas em que há um aparelho movido a motor e dependem da habilidade humana na condução. As categorias do automobilismo e do motociclismo, e aquelas disputadas na água (jet ski, motonáutica etc.) e aéreas (corrida aérea, girocóptero etc.) são os melhores exemplos desta corrente.

7. *Esportes com Música* – São esportes de grande expressão corporal que exigem música e uma sincronização de movimentos com a mesma. A patinação artística, a ginástica rítmica, a ginástica de solo nas competições de ginástica artística, a dança esportiva, a ginástica aeróbica são alguns bons exemplos desta corrente.

8. *Esportes com Animais* – São esportes nos quais há necessidade de animais para o cumprimento das regras. Há modalidades em que os animais são dominados pelo homem (tourada, caça à raposa, pesca etc.) e outros em que homens e animais fazem um conjunto (turfe, hipismo, polo etc.).

9. *Esportes Adaptados* – São esportes praticados por deficientes em que são efetuadas as necessárias adaptações. O basquetebol de cadeira de rodas, o goalbol, o voleibol sentado são exemplos desta corrente.

10. *Esportes Militares* – São esportes criados nos meios militares, hoje difundidos no mundo esportivo, que constituem simulações de atividades de forças militares. O paraquedismo, o tiro, a esgrima, o pentatlo moderno são exemplos de esportes militares.

11. *Esportes Derivados de Outros Esportes* – Compreendem todas as modalidades esportivas que tiveram origem em outros esportes. O squash e o paddle (que saíram do tênis), o futsal e o beach soccer (que vêm do futebol), são exemplos desta corrente esportiva.

O PAPEL DO ESTADO
DIANTE DO ESPORTE
VI

Quando o esporte era entendido apenas na perspectiva do rendimento, os governos, de modo geral, preocupavam-se com as performances das equipes nacionais nas competições internacionais, pois o sucesso esportivo ajudava nas próprias relações com outros países e causava uma boa imagem diante da comunidade mundial. Esta preocupação transformava-se em verbas públicas para as equipes nacionais, construção de instalações, promoção de competições esportivas, e em alguns casos até processos de profissionalização esportiva pelo Estado.

Entretanto, com a evolução do conceito de esporte, quando este fenômeno passou a abranger o *esporte-lazer* e o *esporte-educação*, além do *esporte de desempenho* ou *de rendimento*, o papel do Estado diante do esporte mudou muito. Já não há mais uma intervenção direta no esporte de rendimento, limitando-se o Estado apenas a normatizar as manifestações esportivas relacionadas às competições oficiais. É claro que os governos não poderiam ausentar-se de vez, porque isso significaria uma omissão, já que os conflitos resultantes das disputas continuaram a crescer. Além disso, as situações de fraude e de desrespeito a direitos já consagrados continuaram a existir. Por tudo isso é que o Estado trocou o papel de tutor do esporte pelo de normatizador das relações intrínsecas aos fatos esportivos e das competições chamadas de alto nível.

Por outro lado, os governos, entendendo as novas dimensões do esporte após a sua renovação conceitual, passaram a exercer relevantes funções no *esporte-lazer* e no *esporte-educação*. Começaram a incentivar e fomentar programas, disputas e até discussões teóricas acerca dessas duas manifestações esportivas.

Complementando esse novo papel, o Estado, depois da percepção de que o esporte também constitui uma ciência, passou a estimular pesquisas e até o aperfeiçoamento de recursos humanos.

A constatação inequívoca desse novo papel estatal diante do fenômeno esportivo são as constituições nacionais, que pouco a pouco têm incorporado o esporte em seus textos, inserindo-o em capítulos de grande importância social. No caso brasileiro, a Constituição de 1988, no artigo 217, reconhece pela primeira vez o esporte como parte importante da sociedade e prioriza o esporte educacional e o lazer esportivo, além de enaltecer no preâmbulo do artigo "o direito de todos ao esporte".

HOMO SPORTIVUS

No final do século XX, das práticas esportivas regulares e esporádicas, surgiram os *Homo sportivus*, que são aquelas pessoas que de alguma forma incorporaram a atividade física ao seu cotidiano. Podem ser pessoas de qualquer faixa etária, sexo, raça, nível social, e engajadas em qualquer uma das três dimensões do esporte (*esporte-educação, esporte-performance* ou *esporte de desempenho*).

A aceitação mundial de que a prática esportiva é um direito de todos consolida a presença do *Homo sportivus* na sociedade. Também a responsabilidade dos diversos segmentos da sociedade em relação ao esporte aumenta substancialmente quando se admite que a prática esportiva é um direito e que o *Homo sportivus* é um fato.

Esporte e cultura

Inicialmente, na Pré-história, eram praticados apenas exercícios físicos de caráter utilitário para os primitivos. Depois, esses mesmos exercícios assumiram um caráter higiênico, entre os chineses e hindus. Mais tarde, nas civilizações dos egípcios, caldeus, assírios, hebreus, fenícios e hititas, essas atividades evoluíram para ginástica, jogos e até dança. Os gregos aperfeiçoaram a prática da ginástica e criaram as competições esportivas antigas, nascendo daí o esporte da Antiguidade, a primeira concepção de esporte. A decadência do movimento esporte, na Idade Média, fez com que o esporte gradativamente perdesse importância, até ressurgir, no século XIX, já como esporte moderno.

A perspectiva cultural do esporte, ao considerar a história da civilização, está levando em conta o próprio homem na sua evolução. Entendendo-se que a cultura representa um conjunto de valores, significados e objetos simbólicos, como uma criação do homem em todos os planos de atividade humana, o esporte está inserido na cultura pela possibilidade que ele oferece de interpretação da sociedade através da prática esportiva.

Como o esporte nasceu da evolução dos exercícios físicos, passando pelo jogo, percebe-se que a relação de cada modalidade esportiva com a cultura está justamente no jogo que a originou. Quando se busca cultura, procura-se na verdade significados e valores. Logo, é possível afirmar que os significados e valores que dão um sentido cultural ao esporte vêm dos jogos. Por esse raciocínio, pode-se concluir que o conhecimento de jogos e esportes de uma sociedade fornece preciosas informações sobre a sua cultura.

Na contemporaneidade, um dos espaços que o esporte tem ocupado é o da Cultura de Paz. A Unesco, a ONU e intelectuais têm enaltecido esta função social do esporte.

A geografia do esporte

Os esportes de identidade cultural somados às modalidades incorporadas aos hábitos da população explicam uma distribuição geográfica das práticas esportivas. Essa geografia, é evidente, pode ser nacional ou regional. A ampla difusão do esporte vem introduzindo diferentes modalidades esportivas em vários países. O exemplo mais recente é o futebol, que está sendo incorporado à cultura esportiva dos Estados Unidos e do Japão. As políticas públicas de prática esportiva também influem decisivamente nessa distribuição geográfica. Os ídolos do esporte se tornam modelos para os jovens, incentivando a prática esportiva.

No Brasil, é fácil observar que a grande vocação esportiva nacional são os esportes coletivos – futebol, basquete, vôlei e outros. O número de praticantes e os resultados obtidos internacionalmente pelo país nessas modalidades comprovam essa afirmação.

JOGOS OLÍMPICOS: A GRANDE FESTA DO ESPORTE

É fato que a maioria das modalidades esportivas não faz parte dos Jogos Olímpicos. É também fato que os preceitos introduzidos na *Carta Olímpica*, na restauração das Olimpíadas, no final do século XIX, foram praticamente soterrados pela avalanche de mudanças que sacudiu o planeta no século XX. É ainda fato que um forte esquema comercial envolve as disputas olímpicas. Mas é impossível deixar de reconhecer que, apesar de tudo, os Jogos Olímpicos, realizados a cada quatro anos, continuam a merecer o status de maior celebração do esporte, atraindo a atenção da mídia e despertando o interesse da população mundial. É evidente que o modelo atual das Olimpíadas está muito distante daquele das primeiras disputas. Todavia, a tradição das competições de atletismo, ginástica olímpica, natação e dos chamados esportes coletivos tem garantido o extraordinário sucesso dos Jogos Olímpicos.

O Comitê Olímpico Internacional (COI), sempre tentando aprimorar o movimento olímpico, acrescentou a ele mais duas realizações: a *Solidariedade Olímpica* e a *Academia Olímpica*. A primeira tem como objetivo desenvolver o esporte nas nações do Terceiro Mundo, com recursos oriundos das Olimpíadas, principalmente da venda dos direitos de transmissão para a televisão. A *Academia Olímpica*, por sua vez, tem a finalidade de resgatar e preservar a memória olímpica.

Embora os Jogos Olímpicos envolvam somente provas de alta competição, eles exercem grande influência no esporte popular e no esporte escolar, por meio do chamado *efeito imitação*. Em geral, depois de uma Olimpíada, cresce o número de praticantes das modalidades esportivas que obtiveram maior sucesso e foram mais divulgadas pela mídia.

ESPORTE: UM DIREITO DE TODOS

Quando foi reconhecido o direito de todas as pessoas à prática esportiva, naturalmente o esporte ampliou seu alcance entre a população, passando a ser praticado também por portadores de deficiências e idosos. Atualmente, o número de pessoas idosas ou portadoras de deficiências que têm o hábito de praticar esportes aumentou muito em todas as manifestações esportivas (*esporte-educação*, *esporte-lazer* e *esporte de desempenho*). Hoje em dia, multiplicam-se as competições da chamada categoria masters, para idades mais avançadas, e as competições adaptadas para deficientes. Após os Jogos Olímpicos, acontecem os Jogos Paraolímpicos, cujos participantes são atletas que apresentam algum tipo de deficiência. Estudos recentes mostram que essas competições têm ajudado bastante na restauração da autoconfiança e do equilíbrio psicológico daqueles que apresentam algum tipo de deficiência.

As conexões com outras áreas de atividade

Já foi visto ao longo desta obra que o esporte relaciona-se com inúmeras outras áreas da atividade humana, como a educação, a cultura, a ciência e a saúde. A principal ligação do esporte com a educação se traduz no *esporte-educação*; a relação do esporte com a cultura se faz por intermédio do jogo que origina cada modalidade esportiva; a relação com a ciência está principalmente no fato de o próprio esporte ter sido de certa forma elevado a tal condição; por fim, a saúde e o esporte mantêm estreita ligação pelos próprios benefícios físicos e emocionais que a prática esportiva pode proporcionar ao ser humano.

O esporte se relaciona também com a economia, a indústria e o trabalho. O crescimento do aspecto econômico dos assuntos esportivos, o desenvolvimento ininterrupto de uma indústria especificamente esportiva e o grande número de empregos diretos e indiretos criados em função da prática de esportes são fatos que evidenciam a ligação do esporte com essas áreas e permitem supor a sua conexão com inúmeros outros campos da atividade humana.

A ÉTICA ESPORTIVA

Em primeiro lugar, é importante esclarecer que a ética esportiva é entendida como a ciência da conduta moral das pessoas na prática do esporte. O conceito de ética esportiva nasceu com o associacionismo do esporte moderno, que é explicado, por sua vez, pelo aparecimento de clubes e entidades dirigentes esportivas, como as federações nacionais e internacionais. No final do século XIX, com o movimento de restauração do Olimpismo, surgiu o outro pilar da ética esportiva: o fair-play, que pode ser entendido como o respeito às regras e aos códigos esportivos por parte dos atletas. Faz parte desse conceito também a percepção de que os oponentes são apenas adversários esportivos, e não inimigos.

O primeiro conflito ético do esporte foi o profissionalismo. Depois houve a interferência política nas competições esportivas, fazendo do esporte mais um instrumento da disputa político-ideológica. Essa politização dos eventos esportivos provocou a busca da vitória a qualquer custo pelos atletas e pelas equipes esportivas, o que passou a ser chamado de "chauvinismo da vitória". O doping e o suborno ganharam terreno como consequência do uso político do esporte.

Evidentemente, houve reações, na busca de um refortalecimento da ética esportiva, por parte da intelectual idade esportiva internacional e dos organismos internacionais relacionados à prática esportiva.

Quando o esporte ampliou o seu conceito, somando à perspectiva do rendimento as dimensões do esporte-lazer e do *esporte-educação*, é claro que a ética esportiva teria de se adaptar. Foi justamente na busca dessa nova ética esportiva que se iniciou um importante debate em todos os segmentos ligados aos fatos esportivos. O que se sabe é que a nova ética esportiva deriva da ética geral e que o equilíbrio entre a atitude ética e a atitude esportiva deve resultar a formação de um renovado espírito esportivo. É fácil perceber que no *esporte-educação* a ética esportiva estará condicionada a princípios educativos, como cooperação, solidariedade e outros. Por outro lado, no *esporte-lazer*, a referência ética será o bem-estar social e a qualidade de vida, enquanto no esporte de rendimento, tão explorado comercialmente, a ética esportiva deverá renovar os conceitos de associacionismo e fair-play.

OS PROBLEMAS DO ESPORTE

O esporte é um campo social repleto de coisas notáveis e com poucos defeitos. Não é verdade. O esporte, como em qualquer área de atuação humana, possui vícios, questões e grandes problemas.

A busca de um novo espírito esportivo, que contribua para o fortalecimento da ética no esporte da atualidade, a necessidade de um controle do aspecto comercial exacerbado do esporte de desempenho, a substituição das características do esporte de rendimento nos eventos de *esporte-educação*, o combate ao doping e a procura de uma fórmula para romper os "feudos" instalados nas entidades dirigentes do esporte são apenas alguns dos grandes desafios do mundo esportivo contemporâneo.

Quanto ao doping, pode-se dizer que é o flagelo do esporte moderno de competição, pois provoca fraudes nos resultados, criando falsos vencedores, e ao mesmo tempo lesa organicamente atletas de grande potencial.

As entidades dirigentes muitas vezes aproveitam o esporte para defender interesses pessoais. É evidente que há bons dirigentes, compromissados em fazer do esporte um fato social importante. Entretanto, existem aqueles que criam fortes estruturas eleitorais nas federações, que possibilitam o surgimento de "feudos" nocivos ao desenvolvimento das modalidades esportivas.

Também é necessário denunciar que no esporte, desde o tempo dos antigos gregos, as mulheres foram discriminadas, o que pode ser constatado pela quantidade de modalidades exclusivas do sexo masculino e pelo pequeno número de dirigentes e árbitros esportivos do sexo feminino.

Outro dos maiores problemas atuais do esporte é a violência nas disputas esportivas, dentro e fora dos palcos das competições. É evidente que a violência não é do esporte, mas ela encontra nos palcos esportivos, pelas paixões envolvidas, um terreno fértil para a sua propagação.

Apesar disso, o esporte é ainda considerado um extraordinário instrumento de paz e um dos melhores meios de convivência humana, devido a sua característica lúdica e sua tendência de promover a confraternização entre os diferentes participantes das competições.

INDICAÇÕES PARA LEITURA

Como leitura sobre o jogo, recomenda-se duas obras clássicas:

Caillois, R. *Le Jeu et les Hommes – le Masque et le Vertige*. Paris: Gallimard, 1958.

Huizinga, J. *Homo Ludens, Essai sur la Formation du Jeu*. Paris, Gallimard, 1951;

Para o entendimento do fenômeno esportivo, existem inúmeras obras nacionais e estrangeiras que aprofundam os conhecimentos nesse sentido. Devo indicar, sobre os aspectos históricos do esporte:

Gillet, B. *Histoire du Sport*. Paris: Presses Universitaires de France, 1975;

Le Floc'hmoan. J. *La Genèse des Sports*. Paris: Payot, 1962;

Ulman, J. *De la Gymnastique aux Sports Modernes*. Paris: Vrin, 1965.

Sobre o esporte em geral, como fenômeno, são importantes as leituras:

Cagigal, J.M. *Cultura Intelectual y Cultura Física*. Buenos Aires: Kapelusz, 1979.

Cagigal, J.M. *Deporte: Espectáculo y Acción*. Madri: Salvat, 1981;

Cagigal, J.M. *Deporte-Pulso de Nuestro Tiempo*. Madri: Cultura y Deporte, 1972;

Tubino, M.J.G.; Garrido, F. & Tubino, F. *Dicionário Enciclopédico Tubino do Esporte*. Rio de Janeiro: SENAC, 2006;

Tubino, M.J.G. *Teoria Geral do Esporte*. São Paulo: Ibrasa, 1987;

A respeito do esporte na escola, deve-se ler:

Meio de Carvalho, A. *Desporto Escolar – Inovação Pedagógica e Nova Escola*. Lisboa: Caminho, 1987.

Para aprofundar-se na dimensão social do esporte-lazer, ler:

Bento, J.O. *Desporto, Saúde, Vida – Em Defesa do Desporto*. Lisboa: Horizonte, 1991.

Cazorla *et alli*. Deporte *Popular, Deporte de Elite – Elementos para la Reflexión*. Valencia: Ayuntamento de Valencia,1984;

Em relação aos aspectos filosóficos do esporte, existem duas obras importantes:

Bento, J. & Marques, A. *Desporto, Ética, Sociedade*. Porto, Atas do fórum "Desporto, Ética, Sociedade", Universidade do Porto, 1989.

Lenk, H. *Aktuelle Probleme der Sportphilosophie*. Köln: Bundesinstitut für Sportwissenschaft, 1983;

Os aspectos sociais do esporte estão bem analisados nas obras:

Brohm, J.M. *Sociologie Politique du Sport*. Paris: Delargue, 1976;

Lüschen, G. & Weis, K. *Sociologia del Deporte*. Valladolid: Minon, 1979;

McPherson, B.; Curtis, J.E. & Loy, J.W. *The Social Significance of Sport – An Introduction to the Sociology of Sport*. Champaign: Human Kinetics Books, 1989;

Parlebas, P. *Elementos de Sociologia del Deporte*. Andalucia: Universidad Internacional Deportiva de Andalucia, 1988;

Pociello, C. *Sports et Societé – Approche Socio-culturelle des Pratiques*. Paris: Vigot, 1981;

Tubino, M.J.G. *As Dimensões Sociais do Esporte*. São Paulo: Cortez Editores Associados, 1992.

Para entender a realidade brasileira esportiva da atualidade:

Da Costa, L. Atlas *do Esporte no Brasil*. Rio de Janeiro: Shape, 2005;

Melo, V.A. de. *História da Educação Física e do Esporte no Brasil*. São Paulo: Ibrasa.

Tubino, M.J.G. *et alli*. *Repensando o Esporte Brasileiro*. São Paulo: Ibrasa, 1988.

Tubino, M.J.G. *O Esporte no Brasil – Do Período Colonial aos Nossos Dias*. São Paulo: Ibrasa, 1996;

Vargas, A. *Desporto e Tramas Sociais*. Rio de Janeiro: Sprint, 2001;

Finalmente, no sentido de uma projeção do fenômeno do esporte, a melhor indicação é:

Portugal. Câmara Municipal de Deiras. *O Desporto no Século XXI – Os Novos Desafios*. 1990.

SOBRE O AUTOR

Manoel José Gomes Tubino, nascido em Pelotas (RS), fez seus estudos secundários em Campinas, e depois cursou o Colégio Naval e a Escola Naval. Formou-se em Educação Física na Escola de Educação Física do Exército, tendo depois obtido os seguintes títulos de pós-graduação *stricto-sensu*:

Mestre em Educação, pela Universidade Federal do Rio de Janeiro;

Doutor em Educação Física pela Universidade Livre de Bruxelas;

Doutor em Educação pela Universidade Federal do Rio de Janeiro;

Livre-docência pela Universidade Estadual do Rio de Janeiro.

Além disso, já escreveu dezenas de livros sobre educação física, esporte, universidade e tecnologia educacional. Publicou centenas de artigos no Brasil e no exterior; e ainda é conferencista em diversos países.

No período conhecido como Nova República, foi presidente do Conselho Nacional de Desportos (CND), de 1985 a 1990, e acumulou a Secretaria Nacional de Educação Física e Desportos, em 1989. Foi presidente do Instituto de Desenvolvimento Nacional do Esporte (INDESP), em 1999.

Depois de dirigir a Escola de Educação Física de Volta Redonda (1970-1975), ingressou na Universidade Gama Filho, onde permaneceu até 1998.

Atualmente é presidente da Fédération Internationale d'Education Physique (FIEP) e é professor do Programa *stricto-sensu* em Motricidade Humana da Universidade Castelo Branco e professor-pesquisador da UNISUAM. É ainda pesquisador IA do Conselho Nacional de Desenvolvimento Científico e Tecnológico (CNPq), acadêmico da Academia Brasileira de Ciências Sociais e faz parte do "board" do International Council of Sport Science and Physical Education (ICSSPE), do International Committee of Sport Pedagogy (ICSP), da Association Internationale dês Ecoles Superieures d'Education Physique (AIESEP) e editor da FIEP Bulletin, a revista cientifica internacional mais antiga do mundo e de maior difusão pelo planeta.